Martin Ebbertz
Das Krokodil, das kommt aus Kiel

Martin Ebbertz

Das Krokodil,
das kommt aus Kiel

Onkel Theo erzählt
22 neue fast wahre Geschichten

Mit Bildern von
Maria Lechner

Razamba

© Verlag Razamba Martin Ebbertz
Offenbach am Main 2021

Alle Rechte vorbehalten.
Illustrationen: Maria Lechner
Druck: Standartų spaustuvė, Vilnius

ISBN 978-3-941725-61-4

www.ebbertz.de
www.razamba.de

Inhalt

Onkel Theo erzählt von der Brille

„So, liebe Kinder", sagte Onkel Theo. „Heute werdet ihr mal wieder was lernen." Die Kinder setzten sich auf Onkel Theos grünes Sofa und spitzten die Ohren. „Also", sagte Onkel Theo. „Die Brille." Und er kratzte sich am Kopf.

„Habt ihr schon einmal durch eine Brille hindurch gesehen? So eine Brille besteht meistens aus zwei Gläsern, einer Fassung und zwei Bügeln. Wer schlecht sieht, kann mit einer Brille besser sehen, das ist der Sinn der Sache. Außerdem gibt es Sonnenbrillen, die vor starkem Sonnenlicht schützen, mit rosaroten Brillen sieht man die Welt weniger grau, und für besonders schüchterne und kontaktscheue Menschen gibt es Kontaktlinsen.

Die ersten Brillen der Menschheit waren die merkwürdigen Brillen von Babylon. Sie hatten noch keine Bügel, mit denen sie an den Ohren festgeklemmt wurden. Sie wurden auch nicht wie Zwicker auf die Nase gesetzt oder wie Monokel vor das Auge gesteckt. Nein, sie wurden einfach mit einem Seil um den Kopf herum gebunden. Das war schon ziemlich unbequem. Aber das war noch nicht alles. Die Brillen von Babylon hatten nicht einmal Gläser. Nun fragt ihr euch bestimmt, wozu diese Brillen ohne Gläser zu gebrauchen waren. Die Antwort ist einfach: Sie waren zu nichts zu gebrauchen. Kein Wunder, dass sie schnell wieder aus der Mode kamen.

Noch verrückter als die gewöhnlichen Brillen waren allerdings die babylonischen Sonnenbrillen. Auch sie hatten natürlich keine Bügel und keine Gläser. Darüber hinaus hatten sie nicht einmal Löcher zum Hindurchschauen. Die Leute banden sich einfach Bretter vors Gesicht! Das half zwar gegen die Sonnenstrahlen, aber wer ohne Brille wenigstens ein bisschen sah, der sah mit dieser Brille überhaupt nichts mehr.

Babylon war eine riesige Stadt, in der viele tausend Menschen lebten. Auf den Straßen und Plätzen war ein Kommen und Gehen, ein Gewusel und Gewimmel. Und überall rannten auf einmal die Leute mit diesen neumodischen Sonnenbrillen herum. Sie knallten im Gegenverkehr aufeinander, sie stolperten Treppenstufen hinunter, sie konnten im letzten Moment gerade noch den Pferdekutschen ausweichen. Es war ein heilloses Durcheinander!

Schon nach kurzer Zeit wurde deshalb ein Gesetz erlassen und den Bürgern von Babylon streng verboten, eine Sonnenbrille zu tragen.

So war das.

Die babylonischen Sonnenbrillen sind längst nicht mehr in Gebrauch. Aber heute noch sagt man, wenn jemand so gar keinen Durchblick hat: ‚Der Mensch, der hat ein Brett vorm Kopf!' Jetzt wisst ihr, woher dieser Ausdruck kommt.

Aber wisst ihr auch, woraus heutzutage die Brillen gemacht werden?"

Die Kinder schüttelten den Kopf.

„Natürlich nicht aus Holzbrettern", sagte Onkel Theo. „Man braucht Glas oder Kunststoff. Und das Material, aus dem die Bügel bestehen, ist ein ganz besonderes Eisen, das sogenannte Bügeleisen."

„So ein Quatsch!", riefen die Kinder.

„Was?", fragte Onkel Theo. „Quatsch nennt ihr das? Und euch soll ich noch mal was erzählen?"

Doch weil die Kinder sehr darum baten, sagte Onkel Theo: „Also gut. Vielleicht ein anderes Mal. Aber für heute ist Schluss."

Onkel Theo erzählt vom Hamster

„So, liebe Kinder", sagte Onkel Theo. „Heute werdet ihr mal wieder was lernen." Die Kinder setzten sich auf Onkel Theos grünes Sofa und spitzten die Ohren. „Also", sagte Onkel Theo. „Der Hamster." Und er kratzte sich am Kopf.

„Der Hamster ist ein kleines Tier mit großen Nagezähnen und riesigen Backen, in denen er seine Vorräte nach Hause trägt. Da passt allerhand hinein! So wurde einmal ein rattenartiger Zwerghamster mit 90 Kilogramm Sojabohnen in den Backentaschen gefunden!

Der Hamster gehört zu den wenigen Tierarten, die so bekannt sind für eine Tätigkeit, dass diese nach ihm benannt wurde. Der Stier zum Beispiel stiert in die Luft, der Tiger tigert irgendwo herum und der Löwe löwt durch die Wüste. Der Mops mopst, die Maus lässt das Mausen nicht - und der Hamster? Na klar, der Hamster hamstert!

Der Hamster packt sich so viel wie nur geht in seine Backentaschen und bringt die Sachen in ein geheimes Versteck. Und wenn Menschen sich übertrieben viele Vorräte anlegen, nennt man das ‚Hamstern'.

Jeder Hamster hat ein spezielles Sammelgebiet. Der Feldhamster sammelt alles, was auf Feldern wächst, also zum Beispiel Getreide und Gemüse. Im Winter freut er sich über seine Vorräte und hat immer genug zu fressen.

Der Goldhamster sammelt so viel Gold, wie er nur kriegen kann. Wenn man einen goldenen Ring unbeaufsichtigt in einem Zimmer liegen lässt, dann kann es passieren, dass ein Goldhamster ihn – mopst?, nein – maust?, nein, natürlich hamstert! Er steckt den Ring in die Backentasche, die schon prall gefüllt ist mit anderen Ringen, mit goldenen Ketten und Münzen. Er trägt die Beute in sein Versteck. Er kann kaum laufen, denn Gold ist ungeheuer schwer. Seine Backen hängen herunter und schleifen über den Boden.

Das Versteck für das viele Gold muss gut ausgewählt sein, damit niemand anders es findet. Ein Goldhamster aus dem Rheinland hatte einmal seine Beute am Flussufer gelagert, leider viel zu nah am Wasser! Das Gold wurde ihm von einem Goldfisch gestohlen, der es im Fluss versenkte. Und noch heute erzählen sich alle Hamster die legendäre Geschichte vom berühmten Goldschatz auf dem Grund des Rheins.

Natürlich gibt es noch andere Hamster, die ebenso fleißig hamstern wie der Goldhamster. Der Nudelhamster hamstert Makkaroni, Spaghetti, Spätzle und alle anderen

Nudelsorten. Und was der Pappenhamster hamstert, könnt ihr euch sicher denken – nämlich alles, was aus Papier und Pappe ist!

Kurz bevor der Winter begann, saßen einmal ein Feldhamster, ein Goldhamster, ein Nudelhamster und ein Pappenhamster zusammen. ‚Habt ihr auch schön vorgesorgt für den Winter?', fragte der Feldhamster. Und er zählte auf, was er alles so hatte.

‚Ich habe jede Menge Gold!', rief der Goldhamster.

Der Nudelhamster lachte sich schlapp: ‚Dann gibt es bei dir also Gold zu essen? Bei mir gibt es Nudeln!'

Der Goldhamster grummelte irgendwas vor sich hin.

‚Und was gibt es bei dir?', fragte der Nudelhamster den Pappenhamster. Der Pappenhamster schwieg, aber der Feldhamster hatte so eine

Ahnung. ‚Ich kenne meine Pappenhamster!', rief er und lachte.

Könnt ihr euch vorstellen, was der Pappenhamster gehamstert hat?"

Die Kinder schüttelten den Kopf.

„Nun", sagte Onkel Theo. „Der Pappenhamster druckste erst eine Weile herum und wollte gar nichts sagen. Dann aber musste er zugeben, was sich in seiner Höhle befand. Sie war randgefüllt mit 1000 Rollen Klopapier!"

„So ein Quatsch!", riefen die Kinder.

„Was?", fragte Onkel Theo. „Quatsch nennt ihr das? Und euch soll ich noch mal was erzählen?"

Doch weil die Kinder sehr darum baten, sagte Onkel Theo: „Also gut. Vielleicht ein anderes Mal. Aber für heute ist Schluss."

Onkel Theo erzählt vom Pinguin

„So, liebe Kinder", sagte Onkel Theo. „Heute werdet ihr mal wieder was lernen." Die Kinder setzten sich auf Onkel Theos grünes Sofa und spitzten die Ohren. „Also", sagte Onkel Theo. „Der Pinguin." Und er kratzte sich am Kopf.

„Über den Pinguin werden einige verrückte Geschichten erzählt. Nicht alles ist falsch, aber vieles entspricht nicht ganz der Wahrheit oder ist zumindest stark übertrieben. Die fehlerhaften Darstellungen lassen sich leicht erklären, wenn man weiß, dass der Pinguin häufig mit seinem nördlichen Verwandten, dem Ponguin verwechselt wird.

Der Pinguin kommt in freier Wildbahn nur ganz unten im Süden unserer Erdkugel vor. Der Ponguin dagegen lebt hoch oben in der Arktis auf den Eisbergen am Nordpol. Wie sein Verwandter ist er ein guter Schwimmer und kann sehr gut Eisberge hinunter rutschen. Wenn er allerdings läuft, watschelt er ziemlich unbeholfen vor sich hin.

Ponguin und Pinguin sind auf den ersten Blick kaum zu unterscheiden. Doch sieht man genauer hin, bemerkt man einen erstaunlichen Unterschied. Beim Ponguin ist der linke Flügel auf der rechten und der rechte Flügel auf der linken Seite. Genau so verhält es sich mit den Füßen und mit den Augen: alles, was beim Pinguin links ist, ist beim Ponguin rechts – und umgekehrt. Ponguine sind nämlich nichts anderes als spiegelverkehrte Pinguine.

Ihnen selbst ist das gar nicht klar, denn wenn ein Pinguin sich im Spiegel anschaut, sieht er aus wie ein Ponguin, und schaut ein Ponguin in den Spiegel, glaubt er, einen Pinguin vor sich zu haben.

Ein weiterer Unterschied ist die Sprache. Pinguine unterhalten sich in der Ping-Sprache. Ein freundliches ‚Ping' bedeutet ‚Guten Morgen!' Fragt ein Pinguin den anderen: ‚Ping Pi?', so bedeutet das: ‚Wie geht es dir?' Der andere antwortet hoffentlich mit ‚Ping Ping', das heißt gut, oder sogar mit

,Ping Ping Ping', das heißt sehr gut. ,Pi Pi' dagegen heißt ,schlecht'.

Ponguine würden das nicht verstehen. Bei ihnen heißt ,Wie geht es dir?' nämlich ,Pong Po?' Die übliche Antwort lautet ,Pong Pong' (gut), ,Pong Pong Pong' (sehr gut) oder ,Po Po' (schlecht).

Aber wisst ihr auch, was ein Ponguin ruft, wenn er sich in Not und Gefahr befindet?"

Die Kinder schüttelten den Kopf.

„Das kann man leicht herausfinden", sagte Onkel Theo, „denn leider geraten Ponguine nur zu oft in Not. Immer wenn ein Flugzeug oder ein Hubschrauber die Arktis überquert, schauen alle Ponguine neugierig nach oben. Langsam folgen sie dem Flugobjekt mit ihren Blicken. Dabei lehnen sie den Kopf immer weiter nach hinten, es verrenkt sich ihr Hals, ihr ganzer Körper gerät in Schieflage, bis sie plötzlich das Gleichgewicht verlieren, sie kippen platschend nach hinten und liegen mit dem Rücken auf dem Boden. Sie wissen nicht auf Anhieb, auf welcher Seite der linke Fuß ist, wo sich der rechte Flügel befindet und in welche Richtung man ihn drehen muss. Bei ihnen ist ja alles spiegelverkehrt! Beim Versuch, ihre Körperteile zu sortieren, kommen sie so durcheinander, dass sie es nicht schaffen, sich aus eigener Kraft zu erheben, und so strampeln sie mit ihren Gliedmaßen wie auf den Rücken gefallene Maikäfer.

Deshalb hört man am Nordpol immer wieder die in der ganzen Welt bekannten Hilferufe der Ponguine: ‚Po Po Po Pong Pong Pong Po Po Po!'

Zum Glück sind die Rufe weit zu hören, und es kommt immer wieder mal ein Polarforscher vorbei, der die armen Ponguine aus ihrer misslichen Lage befreit."

„So ein Quatsch!", riefen die Kinder.

„Was?", fragte Onkel Theo. „Quatsch nennt ihr das? Und euch soll ich noch mal was erzählen?"

Doch weil die Kinder sehr darum baten, sagte Onkel Theo: „Also gut. Vielleicht ein anderes Mal. Aber für heute ist Schluss."

Onkel Theo erzählt von der Tomate

„So, liebe Kinder", sagte Onkel Theo. „Heute werdet ihr mal wieder was lernen." Die Kinder setzten sich auf Onkel Theos grünes Sofa und spitzten die Ohren. „Also", sagte Onkel Theo. „Die Tomate." Und er kratzte sich am Kopf.

„Die Tomate ist im Allgemeinen rot und rund. Sie gehört zu der großen Familie der Kugeln, die man essen kann. Ihre nächsten Verwandten mit ähnlicher Form sind der Apfel, der Kürbis und die Eiskugel.

Ansonsten sind Tomaten nichts Ungewöhnliches, schon weil es so viele davon gibt. Besonders schlimm ist es im Sommer. Da werden so viele Tomaten gleichzeitig reif, dass man manchmal gar nicht weiß, was man mit ihnen anstellen soll. Und am allerschlimmsten war es vor gar nicht langer Zeit im Städtchen Santo Matino am Mittelmeer. Dort nämlich ist das beste Tomatenklima der Welt. Die Tomatenernte wurde jedes Jahr mit Schrecken erwartet. Wenn es dann im Juni soweit war, hieß das, dass es den ganzen Rest des Jahres nur noch Tomaten zu essen gab. Zum Frühstück gab es Tomatensuppe, zum Mittagessen als Vorspeise einen Tomatensalat, als Hauptgang eine große Fleischtomate mit Tomatensauce und zum Nachtisch Kirschtomaten. Was man zu diesem Essen trank, könnt ihr euch denken – natürlich Tomatensaft!

Alle Wissenschaftler sagten, es sei einseitige Kost und nicht sehr gesund, wenn man sich nur von Tomaten ernährt. Nicht so der Bürgermeister von Santo Matino. Jedes Jahr im August, wenn die Leute schon längst keine Lust

mehr auf Tomaten hatten, hielt er eine aufmunternde
Rede. ‚Die Tomate ist gesund!', rief er in die Menge. ‚Und
wenn eine Tomate gesund ist, dann sind hundert Tomaten
hundertmal so gesund! Also, esst Tomaten, Leute!'

Trotzdem überlegten die Bürger von Santo Matino, was
man noch alles mit Tomaten machen könnte, außer sie zu
essen. Zum Beispiel badeten sie in Tomatensaft. Manche
Leute bastelten sich Sonnenbrillen aus Tomatenscheiben.
Noch heute sagt man deshalb, wenn jemand nicht gut
sieht, er hat Tomaten auf den Augen.

Weil Tomaten so schön weich sind, kamen einige Leute
auf die Idee, dass man sie als Matratzenfüllung verwenden

könnte. Die Matratzen waren tatsächlich super angenehm und weich, man schlief auf ihnen hervorragend ein. Allerdings machte es sehr viel Arbeit, jeden Morgen das über Nacht entstandene Ketchup abzufüllen und die Matratze mit neuen Tomaten auszustopfen.

Doch so viele Ideen die Bürger von Santo Matino auch hatten – all das reichte nicht aus, um die Unmengen von Tomaten, die dort gleichzeitig reif wurden, zu verbrauchen. Und so gab es jedes Jahr im Spätsommer ein berühmtes Volksfest, die Tomatenschlacht von Santo Matino! Die Leute bewarfen einander mit Tomaten! Weil die Tomaten überreif und weich waren, tat sich niemand weh. Am Ende der Schlacht sah das ganze Städtchen aus wie Nudeln mit Tomatensauce.

Eines Tages aber geschah eine unerwartete Wendung. Die Konservendose wurde erfunden! Seitdem wurden die Tomaten von Santo Matino in Dosen gepackt und blieben lange haltbar.

Könnt ihr euch vorstellen, was nun aus der Tomatenschlacht wurde?"

Die Kinder schüttelten den Kopf.

„Für diese traditionelle Schlacht gab es nicht mehr genug Tomaten und eigentlich keinen Grund mehr. Als die Bürger von Santo Matino sich aus alter Gewohnheit dennoch zur Tomatenschlacht trafen, bewarfen sie sich mit den neumodischen Tomatendosen. Das gab dicke Beulen und heftige Schmerzen! Da ließen sie es sein, und die Tomatenschlacht von Santo Matino geriet allmählich in Vergessenheit."

„So ein Quatsch!", riefen die Kinder.

„Was?", fragte Onkel Theo. „Quatsch nennt ihr das? Und euch soll ich noch mal was erzählen?"

Doch weil die Kinder sehr darum baten, sagte Onkel Theo: „Also gut. Vielleicht ein anderes Mal. Aber für heute ist Schluss."

Onkel Theo erzählt vom Krokodil

„So, liebe Kinder", sagte Onkel Theo. „Heute werdet ihr mal wieder was lernen." Die Kinder setzten sich auf Onkel Theos grünes Sofa und spitzten die Ohren. „Also", sagte Onkel Theo. „Das Krokodil." Und er kratzte sich am Kopf.

„Das Krokodil ist ein langes, einfarbiges Tier. Zum größten Teil besteht es aus Schwanz, aber es hat auch vier kleine Beinchen und vorne ein riesiges Maul mit scharfen Zähnen. Weil es immer großen Hunger hat, ist es nicht ungefährlich. Einem hungrigen Krokodil sollte man lieber nicht zu nahe kommen.

Die meisten Leute glauben, Krokodile seien grün oder allenfalls braun, doch niemals gelb oder blau. Aber natürlich gibt es sie in allen Farben.

Ein rosa Krokodil zum Beispiel lebte in einem großen Teich in Singapur. Es war äußerst zahm und freundlich und kam nicht auf die Idee, die Besucher des Teiches einfach aufzufressen. Oder jedenfalls sehr selten und nur, wenn es wirklich riesigen Hunger hatte. Und falls es doch einmal passierte, war es mindestens eine Woche lang traurig darüber und weinte dicke Krokodilstränen.

Das Krokodil aus Singapur war außerdem ein literarisches Krokodil. Das heißt, es interessierte sich sehr für alles, was mit Buchstaben zu tun hatte. Und viel schöner, als die Besucher des Teiches in Angst und Schrecken zu

23

versetzen, fand es, sich Gedichte und Geschichten auszudenken.

‚Krokodile gibt es auf der ganzen Welt‘, sagte das rosa Krokodil gerne. ‚Sozusagen von A bis Z. Das heißt, in allen Erdteilen, die mit A anfangen, in Afrika, in Amerika, in Asien, in Australien – und außerdem im Zoo!‘

Dann aber fragte es sich, warum den meisten Leuten bei Krokodilen zuerst der Nil einfällt.

‚Kein Wunder!‘, rief es dann. ‚Weil es sich reimt!‘

Und sofort fiel ihm ein Gedicht ein:

‚Es war einmal ein Krokodil

das trieb umher im Nil.‘

Aber das rosa Krokodil war nicht zufrieden. Denn auch das Krokodil aus seinem Gedicht lebte am Nil. Wie langweilig! Es dachte eine Weile nach und dann flüsterte es:

‚In einem Teich in Singapur

lebte einst ein – Krokodur.‘

Doch immer noch war das rosa Krokodil nicht zufrieden mit seinem Gedicht. ‚Ich bin doch kein Krokodur!', jammerte es leise.

Kurz kam ihm ein Gedanke. Vielleicht sollte ich umziehen nach Kiel, dachte es und dichtete gleich drauf los:

‚Das Krokodil,

das kommt aus Kiel!'

Dieses kleine Gedicht gefiel ihm durchaus. Aber deswegen umziehen nach Kiel? Vielleicht sogar in einen Zoo? Das kam nicht in Frage!

Die Sache schien aussichtslos, doch zu guter Letzt hatte das Krokodil eine wunderbare Idee. Könnt ihr euch denken, was für eine?"

Die Kinder schüttelten den Kopf.

„Nun", sagte Onkel Theo. „Einmal, mitten in der Nacht, wachte das Krokodil auf. Ihm war ein neues Gedicht eingefallen. Leise sprach es in die Nacht:

‚Das Krokodil, das lebt nicht nur
am Nil, nein, auch in Singapur!'

Zufrieden lächelnd blickte das rosa Krokodil über den dunklen Teich. Und seitdem fühlte es sich in Singapur wieder ganz und gar zu Hause."

„So ein Quatsch!", riefen die Kinder.

„Was?", fragte Onkel Theo. „Quatsch nennt ihr das? Und euch soll ich noch mal was erzählen?"

Doch weil die Kinder sehr darum baten, sagte Onkel Theo: „Also gut. Vielleicht ein anderes Mal. Aber für heute ist Schluss."

Onkel Theo erzählt von der Pizza

„So, liebe Kinder", sagte Onkel Theo. „Heute werdet ihr mal wieder was lernen." Die Kinder setzten sich auf Onkel Theos grünes Sofa und spitzten die Ohren. „Also", sagte Onkel Theo. „Die Pizza." Und er kratzte sich am Kopf.

„Eine Pizza ist eine große, kreisförmige Platte, die man essen kann. Sie sieht ungefähr aus wie eine Tischplatte, aber natürlich ist sie viel kleiner, und außerdem ist sie belegt mit Tomaten, Käse und manch anderen Sachen.

Die erste Pizza der Welt war tatsächlich so groß wie ein Tisch! Das kam so: Die alten Römer hatten ursprünglich keine Tische und Stühle. Sie legten sich zum Essen einfach auf den Boden. Um die Finger der linken Hand wickelten sie die Spaghetti und in der rechten Hand hielten sie ein Stückchen Fladenbrot. Es war unbequem, so zu essen, und

wenn man zwischendurch auch noch einen Schluck trin-
ken wollte, wurde es schwierig.

Nun hatte einmal ein römischer Bäcker ein riesiges Fladenbrot im Steinofen vergessen, so dass es viel zu hart
wurde. Da kam ihm eine wundervolle Idee: Er legte es auf
vier Holzklötze. Das war der erste Esstisch! Auf ihm lagen
die Speisen, die Römer drumherum brauchten nur zuzu-
greifen.

Der frisch gebackene Tisch duftete und sah sehr appetit-
lich aus. Da war es kein Wunder, dass bald ein Gast in den
Tisch hineinbiss. Das Ding war zwar etwas hart, aber
knusprig und mit leckeren Speisen belegt! Und so wurde
die Pizza erfunden. Sie war nichts anderes als ein Esstisch,
der von den Gästen aufgegessen wurde.

Im alten Rom war es nun jahrhundertelang üblich, die
Tische aufzuessen. Dann aber wurde der Holztisch erfunden und die Pizza geriet in Vergessenheit.

Viele, viele Jahre später, es war im Mittelalter, saß eine
Königin namens Margherita in ihrem Schloss in Neapel
und langweilte sich.

Sie knabberte träge an ihren Speisen und nippte lustlos am Wein. Nichts schmeckte ihr. Da rief sie den Hofkoch zu sich und sagte: ‚Mach mir ein Essen, das so rund ist wie die Welt!'

Was für eine dämliche Idee, dachte der Koch. Aber der Wunsch der Königin war ihm Befehl. Hätten die beiden in einer späteren Zeit gelebt, so hätte der Koch vermutlich den Semmelknödel erfunden oder den Kartoffelkloß, denn ein Knödel oder ein Kloß ist kugelrund, so wie die Erdkugel. Damals aber, mitten im Mittelalter, dachten die Leute, die Erde wäre eine Scheibe. Und deshalb servierte der Koch der Königin eine Pizza Margherita, die rund und flach wie die Erde war. So wurde die Pizza zum zweiten Mal erfunden!

Inzwischen ist Pizza in der ganzen Welt verbreitet. Aber die beste gibt es immer noch in Neapel. Das könnt ihr aus-

probieren, denn Pizza aus Neapel kann man sich heutzutage natürlich einfach im Internet bestellen. Aber wisst ihr auch, warum sie nicht kalt wird, bis sie kommt?"

Die Kinder schüttelten den Kopf.

„Das kommt so", sagte Onkel Theo. „Die Pizza aus Neapel kann man sich einfach mit der Pizza-App herunterladen. Zuhause braucht ihr nur einen Pizzadrucker, damit druckt ihr sie aus, und schon liegt die Pizza duftend und dampfend heiß auf dem Tisch!"

„So ein Quatsch!", riefen die Kinder.

„Was?", fragte Onkel Theo. „Quatsch nennt ihr das? Und euch soll ich noch mal was erzählen?"

Doch weil die Kinder sehr darum baten, sagte Onkel Theo: „Also gut. Vielleicht ein anderes Mal. Aber für heute ist Schluss."

Onkel Theo erzählt vom Flamingo

„So, liebe Kinder", sagte Onkel Theo. „Heute werdet ihr mal wieder was lernen." Die Kinder setzten sich auf Onkel Theos grünes Sofa und spitzten die Ohren. „Also", sagte Onkel Theo. „Der Flamingo." Und er kratzte sich am Kopf.

„Heute erzähle ich euch von einem außergewöhnlichen Vogel. Schon sein Name klingt wie ein Gedicht. Man muss sich das Wort auf der Zunge zergehen lassen: ‚F l a m i n g o'. Es gehört zu den drei klangvollsten Wörtern unserer Sprache, die anderen beiden sind ‚Bräutigam' und ‚Kaugummi'.

Auch das Aussehen des Flamingos ist von beeindruckender Schönheit. Er hat sehr lange Beine, einen schlanken, elegant gebogenen Hals und einen eher kurzen Schnabel.

Flamingos stehen meistens auf einem Bein, das andere halten sie leicht geknickt in die Höhe. Das machen sie nicht aus Eitelkeit, sondern es kommt daher, dass Flamingos

manchmal so dicht gedrängt beieinander stehen, dass jeder nur mit einem Bein an die Erde kommt, für mehr reicht der Platz nicht aus. Das ist so ähnlich wie bei schönem Wetter im ständig überfüllten Freibad von Hattersheim, wo alle Leute auf einem Bein stehen, damit mehr ins Becken passen.

Auffällig ist auch die Bekleidung der Flamingos: Alle tragen ein rosa gefärbtes Federkleid, daran sind sie schon von weitem leicht zu erkennen.

Das war nicht immer so. Früher waren die Kleider der Flamingomädchen rosa und die der Flamingojungen waren blau. Doch nicht alle waren damit zufrieden. Vielen Jungen gefiel rosa besser und viele Mädchen mochten lieber blau.

Darum gingen eines Tages die Flamingojungen zum ehrwürdigen Flamingokönig und fragten: ‚Warum müssen wir eigentlich die ganze Zeit blaue Klamotten tragen? Wieso kann nicht jeder anziehen, was er will?'

‚Das geht doch nicht!', rief der Flamingokönig entsetzt aus. ‚Mädchen rosa, Jungen blau! Das war schon immer so!'

‚Aber es muss doch nicht immer so bleiben', sagten die Jungen.

Doch der König schüttelte den Kopf.

Auch die Flamingomädchen suchten den König auf und beschwerten sich. ‚Warum müssen wir die ganze Zeit rosa Sachen anziehen?'

‚Das ist doch klar', sagte der Flamingokönig. ‚Sonst erkennt man nicht, wer ein Mädchen und wer ein Junge ist. Bei uns Flamingos ist das sehr schwer zu unterscheiden.'

‚Aber das ist doch egal', sagten die Mädchen. ‚Außerdem kann man uns fragen, wenn man es unbedingt wissen möchte.'

‚Unmöglich', entschied der König. ‚Alles ist, wie es ist. Geändert wird nichts.'

So zogen auch die Mädchen erfolglos davon.

Aber dabei blieb es nicht. Was glaubt ihr wohl? Haben die jungen Flamingos dem König gehorcht?"

Die Kinder schüttelten den Kopf.

„Natürlich nicht!", rief Onkel Theo. „Flamingos sind sehr eigenwillige Vögel. Sie setzten sich zusammen, sie hielten Ratschlag und am Ende beschlossen sie: ‚Wir losen die Farbe aus!'

Das Los fiel auf rosa – und von einem Tag auf den anderen trugen alle Flamingos, die Mädchen und die Jungen, ein rosa Federkleid. Ihr glaubt mir nicht? Geht gleich mal in den Zoo, dann könnt ihr es sehen. Aber das ist noch nicht alles! Nächstes Jahr wird neu gelost. Und wenn ihr dann wieder in den Zoo geht, wer weiß, vielleicht sind dann auf einmal alle Flamingos blau!"

„So ein Quatsch!", riefen die Kinder.

„Was?", fragte Onkel Theo. „Quatsch nennt ihr das? Und euch soll ich noch mal was erzählen?"

Doch weil die Kinder sehr darum baten, sagte Onkel Theo: „Also gut. Vielleicht ein anderes Mal. Aber für heute ist Schluss."

Onkel Theo erzählt von der Post

„So, liebe Kinder", sagte Onkel Theo. „Heute werdet ihr mal wieder was lernen." Die Kinder setzten sich auf Onkel Theos grünes Sofa und spitzten die Ohren. „Also", sagte Onkel Theo. „Die Post." Und er kratzte sich am Kopf.

„Wisst ihr, was die Post ist? Wenn eine Nachricht von einem Menschen zu einem anderen geschickt wird, dann nennt man das ‚Post'. Heutzutage geht das sehr schnell. Postautos fahren durch das Land, Fahrradkuriere sausen durch die Stadt, und man kann auf dem Computer oder mit dem Telefon Nachrichten schreiben, die in wenigen Sekunden beim Empfänger ankommen.

Das war nicht immer so. Früher wurden alle Nachrichten auf Papier geschrieben, in Umschläge gepackt und von einem Ort zum anderen getragen. Damals waren die Leute nicht so ungeduldig wie heute. ‚Je langsamer, desto besser', war das Motto, denn wenn ein Brief einige Wochen unterwegs war, hatte man viel mehr Zeit, darüber nachzudenken, was man schreibt.

Aus diesem Grund war die Schneckenpost äußerst beliebt. Die Briefschnecken waren dafür berühmt, dass sie ihr eigenes Zuhause von jedem Ort der Welt aus wiederfinden konnten. Diese Fähigkeit machten sich die Menschen zunutze: Man befestigte mit einem kleinen Seil einen Brief an der Schnecke, man setzte sie irgendwo aus und die Briefschnecke machte sich sofort auf den Weg. Das Ganze funktionierte so ähnlich wie mit den Brieftauben. Der Brief kam sicher beim Empfänger an, es dauerte nur ziemlich lange.

Eine in der ganzen Welt berühmte Post war die Berliner Rohrpost. Sie befand sich in einem großen Gebäude mit einer riesigen Eingangshalle. Aus der ganzen Stadt kamen die Leute. In langen Schlangen standen sie vor den Postschaltern mit zwei oder drei Rohren unter dem Arm. Vor allem in der Weihnachtszeit, denn Rohre waren früher ein beliebtes Weihnachtsgeschenk. Wenn man nun so ein Rohr verschicken wollte, dann gab man es einfach bei der Rohrpost ab und schon nach wenigen Tagen wurde es dem glücklichen Beschenkten geliefert.

Die größte Poststation der Welt ist die Zentrale der russischen Paketpost in Moskau. Von hier aus werden die Pakete für ganz Russland verteilt und ausgeliefert. Über 8000

Menschen arbeiten in dem riesigen Gebäude. Wenn sie Mittagspause machen, essen sie in einer Kantine mit über 2000 Tischen. Jeder Tisch hat eine Nummer, damit man ihn findet. Das Essen wird von Postboten an den Tisch gebracht. Man muss bis zu drei Stunden warten, bis es kommt! Und wenn man Pech hat und man war auf der Toilette, genau in dem Moment, als das Essen geliefert wurde, findet man auf seinem Tisch statt seiner Bratwurst nur einen Zettel, auf dem steht: ‚Leider waren Sie nicht am Tisch. Wir versuchen es in einer Stunde noch einmal.' Oder: ‚Wir haben Sie nicht angetroffen. Bitte holen Sie Ihr Essen an Tisch 236 ab.'

Eine andere beliebte Form der Post war die Flaschenpost. Der Brief wurde in eine Flasche gesteckt, die Flasche gut verschlossen, mit der Adresse versehen und anschließend in einen Bach oder ins Meer geworfen.

Die Flaschenpost wurde vor allem von sparsamen Leuten genutzt, weil man sie nicht frankieren musste. Man musste also keine Briefmarken kaufen und auf die Flaschen kleben. Die Flaschenpost galt allerdings als sehr unzuverlässig. Die Briefe kamen nur selten beim Empfänger an. Die Schuld lag aber nicht am Flaschenpostamt, sondern bei den Absendern.

Könnt ihr euch vorstellen, warum?"

Die Kinder schüttelten den Kopf.

„Nun", sagte Onkel Theo, „Man musste die Flaschen zwar nicht frankieren. Aber ganz umsonst war die Sache trotzdem nicht. Wenn eine Flaschenpost nicht ankam, lag das meistens daran, dass die sparsamen Leute das Flaschenpfand nicht bezahlt hatten."

„So ein Quatsch!", riefen die Kinder.

„Was?", fragte Onkel Theo. „Quatsch nennt ihr das? Und euch soll ich noch mal was erzählen?"

Doch weil die Kinder sehr darum baten, sagte Onkel Theo: „Also gut. Vielleicht ein anderes Mal. Aber für heute ist Schluss."

Onkel Theo erzählt vom Gürteltier

„So, liebe Kinder", sagte Onkel Theo. „Heute werdet ihr mal wieder was lernen." Die Kinder setzten sich auf Onkel Theos grünes Sofa und spitzten die Ohren. „Also", sagte Onkel Theo. „Das Gürteltier." Und er kratzte sich am Kopf.

„Wisst ihr, welches Tier von allen Tieren der Welt die meisten Zähne hat? Im Wasser ist es der Delfin. An Land jedoch hält mit über hundert Zähnen das Gürteltier den Rekord. Es müsste darum viel passender Zahntier heißen als Gürteltier, denn noch nie hat jemand ein Gürteltier mit einem Gürtel gesehen. Damit seine Hose nicht rutscht, käme es viel eher auf die Idee, bunte Hosenträger zu verwenden.

Das Gürteltier hat kurze Beine, einen spitzen Kopf mit nach oben abstehenden Ohren und einen runden Bauch, der mit Hornschuppen gepanzert ist. Es sieht also vielleicht etwas eigenartig aus, aber es ist durchaus auf seine Schönheit bedacht. Genau genommen ist es sogar ein bisschen eitel.

Das sollte man wissen, wenn man sich als Haustier ein Gürteltier zulegt.

Ich kenne eine Familie, deren Gürteltier jeden Tag mehr als drei Stunden im Badezimmer verbringt und seine Hornschuppen pflegt. Dazu verwendet es nur das beste Schuppenshampoo, das man gleichmäßig auf dem Körper verreibt und das eine halbe Stunde einwirken muss, bevor es wieder abgewaschen wird.

Die ganze Familie wartet währenddessen vor der Badezimmertür. Ab und zu ruft jemand etwas wie ‚Bist du bald fertig?' oder ‚Dauert das noch lange?'

Das Gürteltier ist noch lange nicht fertig.

Es rubbelt sich ab mit einem Badetuch. Es holt einen Fön und bläst warme Luft auf die Schuppen, damit jede Ecke und Kante trocken wird. Es greift zu einem Fläschchen Gürteltierschuppenlack der Sorte ‚Farblos seidenmatt'. Es zieht den feinen Haarpinsel aus der Flasche hervor und bemalt sich die ersten zwei drei Schuppen.

Anschließend schüttelt es sich ein bisschen, damit der Lack schneller trocknet. Es tunkt den Pinsel erneut in die Flasche, zieht ihn wieder hervor und die nächsten drei Schuppen kommen an die Reihe.

Unterdessen hört es von draußen die Rufe der Familie. Die klingen allmählich doch etwas ungeduldig. ‚Wird's bald?', rufen die Kinder. ‚Geht das auch ein bisschen schneller?', drängelt die Mutter. Und der Vater schimpft: ‚Hallo! Wir wollen auch ins Bad!'

Das Gürteltier ist immer noch nicht fertig. Es hat nämlich nicht nur über hundert Zähne, sondern auch mehr als hundert Schuppen. Bis die alle lackiert sind – das dauert!

Irgendwann aber öffnet sich die Tür, das junge Gürteltier schaut heraus, Bruder und Schwester und Vater und

Mutter atmen erleichtert auf und freuen sich, dass endlich der nächste an die Reihe kommt.

Und wisst ihr, was das Gürteltier dann zu der wartenden Familie sagt?"

Die Kinder schüttelten den Kopf.

„‚Oh‘, sagt das junge Gürteltier und lächelt verlegen.

Die ganze Familie stöhnt laut auf, denn sie hat eine böse Ahnung.

‚Es tut mir sehr leid‘, sagt das junge Gürteltier. ‚Jetzt habe ich doch glatt vergessen, meine Zähne zu putzen!‘ Und dann verschwindet es wieder im Badezimmer."

„So ein Quatsch!", riefen die Kinder.

„Was?", fragte Onkel Theo. „Quatsch nennt ihr das? Und euch soll ich noch mal was erzählen?"

Doch weil die Kinder sehr darum baten, sagte Onkel Theo: „Also gut. Vielleicht ein anderes Mal. Aber für heute ist Schluss."

Onkel Theo erzählt vom Gemüse

„So, liebe Kinder", sagte Onkel Theo. „Heute werdet ihr mal wieder was lernen." Die Kinder setzten sich auf Onkel Theos grünes Sofa und spitzten die Ohren. „Also", sagte Onkel Theo. „Das Gemüse." Und er kratzte sich am Kopf.

„Das Gemüse ist im Allgemeinen eine schmackhafte und nützliche Nahrung. Ein durchschnittliches Gemüse ist rund dreißigmal so gesund wie Schokolade und fast hundertmal so nahrhaft wie Kaugummi! Das könnt ihr mir ruhig glauben: Wer sich 90 Jahre lang jeden Tag von frisch gekochtem Gemüse ernährt, der wird ziemlich alt.

Aber nicht alle Gemüse sind gleich, manche Gemüsesorten haben eine etwas eigenartige Wirkung.

So wurde vor wenigen Jahren auf dem berühmten Wochenmarkt von Offenbach am Main ein Mann beobachtet, der nach dem Verzehr von einer einzigen Portion Gemüse schreckliche Lachanfälle bekam. Er ging zu irgendeinem Marktstand und fragte: ‚Haben Sie Klopfsalat?'

‚Was ist das denn?', sagte die Marktfrau. ‚Klopfsalat haben wir nicht.'

Der Mann hielt sich den Bauch vor Lachen und ging weiter.

‚Was ist denn mit dem los?', dachte die Marktfrau.

Am nächsten Stand sagte der Mann: ‚Ich hätte gerne einen großen Klopfsalat.'

‚Was ist denn das?', fragte der Verkäufer. ‚Klopfsalat? Noch nie gehört! So was führen wir nicht!'

Der Mann lachte sich schlapp.

‚Was hat der denn gegessen?', wunderte sich der Verkäufer.

Noch einen Stand weiter fragte der lustige Mann eine junge Verkäuferin: ‚Haben Sie Klopfsalat?' Er kicherte dabei unaufhörlich vor sich hin.

‚Klopfsalat?', wunderte sich die Verkäuferin. ‚Da muss ich die Chefin fragen.'

‚Nicht nötig', sagte der Mann. Er nahm einen Salat in die Hand und klopfte mit der Faust darauf. ‚Wenn Klopfsa-

lat frisch ist, klingt er hell' , behauptete er, ‚und wenn er alt ist, klingt er dumpf.'

Wieder bekam er einen gewaltigen Lachanfall.

Die Chefin kam hinzu und fragte: ‚Was hat denn der gefrühstückt?'

‚Keine Ahnung' , sagte die junge Verkäuferin und zuckte mit den Achseln.

Nun, das war so: Der lustige Mann hatte ein ganz spezielles Gemüse gegessen, bestimmt habt ihr schon davon gehört: es waren Kichererbsen! Kein Wunder also, dass er den halben Tag kicherte und dumme Witze machte.

Am späten Vormittag war es am schlimmsten. Der Mann fragte alle Markthändler, ob sie Tomaten aus Geldau hätten. Dabei grinste er die ganze Zeit vor sich hin.

Ein Händler hatte Tomaten aus Spanien, ein zweiter direkt aus der Umgebung, ein dritter aus eigenem Anbau – aber Tomaten aus Geldau kannte niemand.

Habt ihr vielleicht schon mal davon gehört?"

Die Kinder schüttelten den Kopf.

„Ich auch nicht", sagte Onkel Theo. „Aber der lustige Mann, der die Kichererbsen gegessen hatte, ging von Marktstand zu Marktstand, er prustete vor Lachen und rief: ‚Geldautomaten! Haben Sie die nicht? Geldautomaten, die kennt doch wohl jeder!'

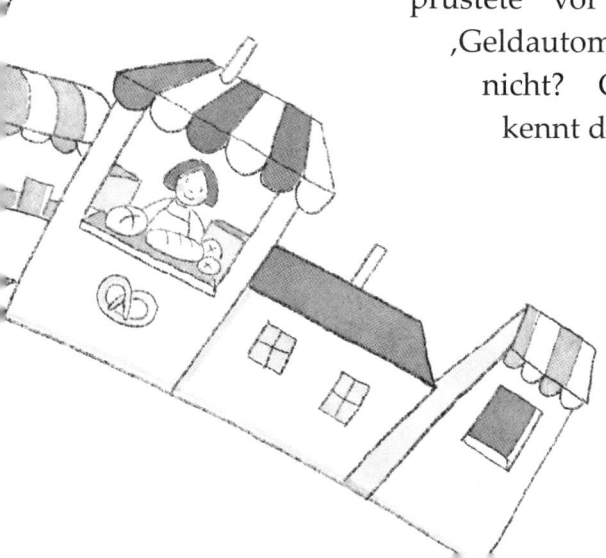

Am Mittag ließ die Wirkung der Kichererbsen nach. Der Mann war längst nicht mehr so lustig. Er kaufte sich am Fischstand eine Portion Miesmuscheln. Das machte es natürlich nicht besser, den Rest des Tages war er dann leider ziemlich mies gelaunt."

„So ein Quatsch!", riefen die Kinder.

„Was?", fragte Onkel Theo. „Quatsch nennt ihr das? Und euch soll ich noch mal was erzählen?"

Doch weil die Kinder sehr darum baten, sagte Onkel Theo: „Also gut. Vielleicht ein anderes Mal. Aber für heute ist Schluss."

Onkel Theo erzählt vom Regenbogen

„So, liebe Kinder", sagte Onkel Theo. „Heute werdet ihr mal wieder was lernen." Die Kinder setzten sich auf Onkel Theos grünes Sofa und spitzten die Ohren. „Also", sagte Onkel Theo. „Der Regenbogen." Und er kratzte sich am Kopf.

„Der Regenbogen ist ein langes, farbiges Band, das am Himmel hängt, wenn es regnet und gleichzeitig die Sonne scheint. Aber wenn man genau hinschaut, dann sieht man, dass es eigentlich nicht nur ein Band ist, sondern es sind fünf Bänder in fünf verschiedenen Farben, die ganz dicht nebeneinander hängen.

Wozu braucht man den Regenbogen? Das ist so: Als ich so alt war wie ihr, da gab es ihn noch nicht. Aber genauso wie heute kam es manchmal vor, dass es regnete und gleichzeitig schien die Sonne. Das war eine feine Sache, denn dann freuten sich die Leute, die gerne bei Sonnenschein spazieren gehen, und die Bauern, die Regen für ihre Felder brauchen, die freuten sich auch. Aber es hatte einen Nachteil: Wenn es regnete und gleichzeitig die Sonne schien, dann wurde die Sonne nass gespritzt. Und wenn es zu viel regnete, dann konnte es sogar passieren, dass das

Sonnenlicht ausging. Das ist,
wie wenn ein Wassertropfen auf eine Kerze fällt. Es zischt
ein bisschen, und dann wird es dunkel.

Als einmal bei einem riesigen Unwetter die Sonne
schien, wurde sie so stark nass gespritzt, dass sie fast erlo-
schen wäre.

Was für ein Glück, dass zufällig ein Bogenbauer in der
Nähe war. Normalerweise ist so ein Bogenbauer sehr
beschäftigt und baut einen Bogen nach dem
anderen. An einem Tag zum Beispiel
einen Flitzebogen, am nächsten
Tag vielleicht einen Gei-
genbogen, und

am übernächsten Tag stellt er einen Fragebogen her. Doch dieser Bogenbauer hatte gerade nichts zu tun und guckte verträumt in die Luft. Er sah die Sonne und wie es zu regnen begann. Er bemerkte die Gefahr und wusste zu helfen. Er nahm ein langes Stoffband und baute daraus einen Bogen. Er nagelte die beiden Enden am Boden und die Mitte an einer Wolke fest, und zwar so, dass der Bogen genau zwischen dem Regen und der Sonne hing. Und damit man

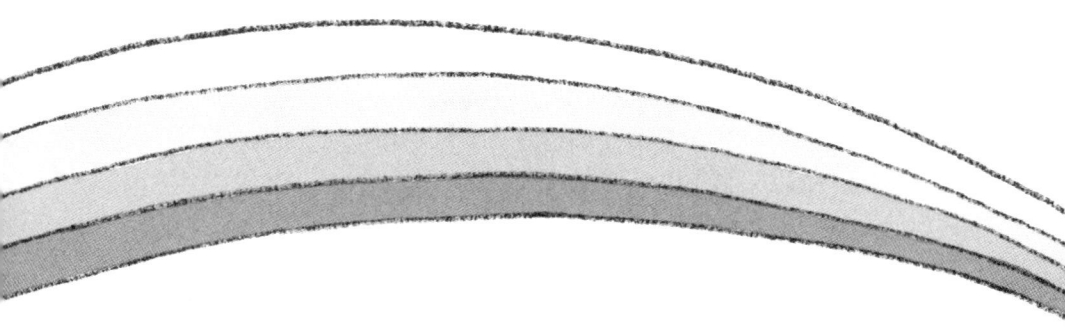

das Band wiederfand, wenn es nicht mehr gebraucht wurde, malte er es rot an.

„Und was glaubt ihr, Kinder", fragte Onkel Theo, „hat es genützt? Ist die Sonne jetzt trocken geblieben?"

Die Kinder schüttelten den Kopf.

„Recht habt ihr!", rief Onkel Theo. „Genützt hat es natürlich rein gar nichts. Die Sonne hat Wasserspritzer abbekommen wie eh und je! Ein einziges dünnes Band war nämlich viel zu wenig. Und da hat der Bogenbauer noch vier Bänder nebeneinander gehängt. Damit man sie voneinander unterscheiden kann, hat er sie farbig angemalt – in Blau, Grün, Gelb und Orange. Das hat dann geholfen, seitdem wird die Sonne nicht mehr nass.

Aber einen Fehler hat der Bogenbauer trotzdem gemacht. Er hat nämlich Wasserfarbe genommen zum Anmalen – und die ist bekanntlich nicht wasserfest. Als es das nächste Mal geregnet hat, sind alle Farben ein bisschen ausgelaufen.

Man sieht kaum mehr, wo die eine Farbe aufhört und wo die nächste anfängt. Man könnte sogar glauben, dass es sieben Farben sind. Und wenn ihr das nächste Mal einen Regenbogen seht, dann gebt genau acht. Dann könnt ihr beobachten, wie die Farben verschwimmen. Und jetzt wisst ihr ja, woran es liegt. Das kommt von der Wasserfarbe."

„So ein Quatsch!", riefen die Kinder.

„Was?", fragte Onkel Theo. „Quatsch nennt ihr das? Und euch soll ich noch mal was erzählen?"

Doch weil die Kinder sehr darum baten, sagte Onkel Theo: „Also gut. Vielleicht ein anderes Mal. Aber für heute ist Schluss."

Onkel Theo erzählt vom Maulwurf

„So, liebe Kinder", sagte Onkel Theo. „Heute werdet ihr mal wieder was lernen." Die Kinder setzten sich auf Onkel Theos grünes Sofa und spitzten die Ohren. „Also", sagte Onkel Theo. „Der Maulwurf." Und er kratzte sich am Kopf.

„Der Maulwurf ist eines der merkwürdigsten Tiere, die es gibt. Maulwürfe sind ziemlich blind und gelten als ziemlich hässlich. Trotzdem sind sie ganz zufrieden. Dass sie blind sind, macht ihnen nichts aus, denn sie leben unter der Erde, wo es schwarz und dunkel ist. Und ob sie hässlich sind, das ist ihnen auch egal, denn sie können es ja nicht sehen.

Mit großen Schaufelpfoten graben die Maulwürfe Gänge durch die Erde. In einen dieser Gänge verirrte sich einmal eine kleine Ratte. ,Wie sieht es hier denn aus?', sagte sie entsetzt zu den Maulwürfen. ,Trostlos schwarz und dunkel! Ihr solltet mal nach oben kommen, da ist die Welt farbig und bunt!'

Die Maulwürfe hatten ihre Höhlen noch nie verlassen und glaubten ihr nicht. Nur ein kleiner Maulwurf war neugierig und wollte es genauer wissen.

Er folgte der Ratte hinauf ans Tageslicht. Als sie oben angekommen waren, wurde ihm ganz warm, das kam von den Strahlen der Sonne. Die Ratte breitete stolz die Arme aus und sagte: ,Siehst du!'

Aber der Maulwurf konnte nichts Besonderes entdecken.

Die Ratte versuchte, ihm alles zu erklären. ‚Hier ist die Wiese‘, sagte sie. ‚Die Wiese ist grün.‘ ‚Was ist grün?‘, fragte der Maulwurf. ‚Grün‘, sagte die Ratte und dachte nach. ‚Grün, nun ja, grün ist grün. Und diese Blume ist gelb, die Blume dort ist rot und der Himmel ist blau!‘ ‚Was ist blau?‘, fragte der Maulwurf. ‚Blau ist blau!‘, erklärte die Ratte. ‚Ach so‘, sagte der Maulwurf und verschwand enttäuscht unter der Erde, denn eigentlich hatte er nichts gesehen. Da oben sah es genau so schwarz und dunkel aus wie bei ihm zu Hause.

In der Nacht aber, als er schlief, träumte er plötzlich die schönsten Farben. Er träumte eine rote Wiese, blaue

und grüne Blumen und einen wunderschönen gelben Himmel.

,Jetzt habe ich alles gesehen!', rief er am nächsten Morgen den anderen Maulwürfen zu. ,Rot ist rot!', rief er. ,Gelb ist gelb! Grün ist grün! Und Blau ist blau!'

,Wir verstehen dich nicht', sagten die anderen Maulwürfe verwundert. ,Aber das hast du schön gesagt.'

Und seitdem erzählte ein Maulwurf dem anderen weiter, wie es oben über der Erde aussah.

Das hörte eines Tages ein Maulwurf, der ebenfalls sehr neugierig war und es genauer wissen wollte. Er lebte in einer Höhle tief unter London, und er war hundertmal so groß wie

gewöhnliche Maulwürfe und hundertmal so hässlich, denn er war ein Monstermaulwurf! Könnt ihr euch vorstellen, was geschah, als er sich an die Erdoberfläche buddelte?"

Die Kinder schüttelten den Kopf.

„Er sah nichts, es war schwarz und dunkel. Und alle Leute, die den riesigen, hässlichen Maulwurf sahen, schrien auf vor Schreck und rannten fort. Der Maulwurf verschwand wieder unter der Erde und versuchte es an einer anderen Stelle. Da war es genau so. An jeder weiteren Stelle auch: Es war dunkel und die Leute rannten fort.

Da gab der Monstermaulwurf es auf und wurde nie wieder gesehen. Aber ein Gutes hatte die Sache. Denn ganz nebenbei hatte er die Tunnel gegraben für die London Underground, die erste U-Bahn der Welt!"

„So ein Quatsch!", riefen die Kinder.

„Was?", fragte Onkel Theo. „Quatsch nennt ihr das? Und euch soll ich noch mal was erzählen?"

Doch weil die Kinder sehr darum baten, sagte Onkel Theo: „Also gut. Vielleicht ein anderes Mal. Aber für heute ist Schluss."

Onkel Theo erzählt von der Kugel

„So, liebe Kinder", sagte Onkel Theo. „Heute werdet ihr mal wieder was lernen." Die Kinder setzten sich auf Onkel Theos grünes Sofa und spitzten die Ohren. „Also", sagte Onkel Theo. „Die Kugel." Und er kratzte sich am Kopf.

„Eine Kugel ist ein Ding, das jeder kennt und über das niemand besonders nachdenkt. Eine Kugel ist kugelrund, das ist eigentlich schon alles.

Früher jedoch gab es ganz besondere Kugeln, die Wahrsagerkugeln. Das waren Kugeln aus Kristallglas, in die man hineinschauen konnte und die Zukunft sehen. Solche Zauberkugeln brauchen wir heute nicht mehr, denn wir leben längst in der Zukunft, die die Leute damals gesehen haben.

Dafür gibt es heute eine andere erstaunliche Kugel. Sie ist aus Plastik und sieht recht unscheinbar aus. Aber das täuscht! Diese Plastikkugel ist nämlich eine tolle Erfindung. Man kann sie ansprechen, und dann macht sie, was man will.

‚Okay Kugel', muss man sagen. ‚Mach meine Hausaufgaben!' Und in Nullkommanichts hat die Kugel die Hausaufgaben gemacht. Oder auch: ‚Okay Kugel, geh mal mit dem Hund raus!' Und schon zerrt die Kugel an der Leine und zieht den Dackel durch den Park.

So geht das. Sagenhaft, oder?

Aber man muss aufpassen. Es gab da eine Familie, die hatte einen Papagei. So ein Papagei merkt sich alles, was gesprochen wird und kann es selber sagen. Und eines Morgens, als die Eltern auf der Arbeit und die Kinder in der Schule waren, legte der Papagei los und zeigte der Kugel, was er konnte.

,Okay Kugel', krächzte er. ,Geh mit dem Hund raus! Mach mir einen Kaffee! Lass das Badewasser laufen! Mach mal Party!'

Der Papagei rief die Sachen so schnell, dass die Kugel durcheinander kam. Der Hund bellte, die Kaffeemaschine schüttete den Kaffee auf den Tisch, die Badewanne lief über, das Wasser tropfte in die Wohnung darunter, ein Schaumberg wälzte sich durch das Treppenhaus, Musik erschallte, sämtliche Lichter gingen an und im Vorgarten stapelten sich all die Sachen, die der Papagei inzwischen bei der Kugel bestellt hatte: eine kleine Tafel Schokolade, 60 Portionen Spaghetti, 90 Pakete Brausepulver und noch einiges mehr.

Das war ein Schreck, als die Familie nach Hause kam! Die Nachbarn hatten einen Notruf losgelassen, weil Wasser durch

die Decke tropfte und das nasse Brausepulver schäumte. Vor dem Haus standen Polizeiautos, Feuerwehrwagen und jede Menge Reporter mit Kameras und Mikrofonen.

Am Abend dieses aufregenden Tages saß die Familie erschöpft in ihrer Wohnung, die noch immer ziemlich mitgenommen aussah. Im Fernseher liefen die Nachrichten.

Könnt ihr euch vorstellen, was dann geschah?"

Die Kinder schüttelten den Kopf.

„Die Familie sah sich selbst im Fernsehen!", sagte Onkel Theo. „Das Haus, die Polizei und die Feuerwehr! Und der Nachrichtensprecher erklärte: ,Vermutlich geschah das Unglück so: Der Papagei der Familie sagte: Okay Kugel, geh mit dem Hund raus! Mach mir einen Kaffee! Lass das Badewasser laufen! Mach mal Party!'

Kaum hatte der Nachrichtensprecher das gesagt, ging die ganze Sache von vorne los. Denn direkt neben dem Fernseher stand die Kugel.

Der Hund bellte, die Kaffeemaschine schüttete den Kaffee auf den Tisch, die Badewanne lief über, das Wasser tropfte in die Wohnung darunter, ein Schaumberg wälzte sich durch das Treppenhaus, Musik erschallte, sämtliche Lichter gingen an ...

Und nicht nur das! In der ganzen Stadt saßen die Leute vor dem Fernseher, die Nachrichten liefen, neben jedem Fernseher stand so eine Kugel. Was da passiert ist, das könnt ihr euch vorstellen, oder? Und jetzt wisst ihr auch, woher der Ausdruck kommt: ,Jemand kugelt sich vor Lachen!'"

„So ein Quatsch!", riefen die Kinder.

„Was?", fragte Onkel Theo. „Quatsch nennt ihr das? Und euch soll ich noch mal was erzählen?"

Doch weil die Kinder sehr darum baten, sagte Onkel Theo: „Also gut. Vielleicht ein anderes Mal. Aber   für heute ist Schluss."

Onkel Theo erzählt vom Baum

„So, liebe Kinder", sagte Onkel Theo. „Heute werdet ihr mal wieder was lernen." Die Kinder setzten sich auf Onkel Theos grünes Sofa und spitzten die Ohren. „Also", sagte Onkel Theo. „Der Baum." Und er kratzte sich am Kopf.

„Jeder glaubt, dass er weiß, was ein Baum ist. Ihr auch, oder? Dabei ist die Sache nicht so einfach, wie ihr denkt. Im Lexikon jedenfalls steht Folgendes: ‚Ein Baum ist eine ausdauernde und verholzende Samenpflanze mit Blattorganen, die eine dominierende Sprossachse aufweist und durch sekundäres Dickenwachstum an Umfang zunimmt.' Das heißt übersetzt: ‚Ein Baum ist ein langer Holzstamm mit Blättern dran, der im Alter vor allem größer, aber auch dicker wird.' Der Baum ist also wie ich, ungefähr jedenfalls: denn ich werde zwar nicht mehr

größer, wenn ich älter werde, aber immerhin ein bisschen dicker.

Wenn viele Bäume zusammen an einem Ort sind, nennt man das ‚Wald'.

Im Wald stehen die Bäume nicht einfach stumm nebeneinander. Wenn ihr durch den Wald geht, dann hört ihr oft ein leises Rauschen. Die Bäume flüstern einander etwas zu. Eine Eiche will mit einer Buche ins Gespräch kommen. ‚Bist du ganz alleine?', fragt sie. ‚Natürlich nicht', sagt die Buche. ‚Ich bin doch im Wald.'

Da fällt der Eiche erst mal nichts mehr ein.

Eine Fichte sagt zu einer Tanne: ‚So eine schöne Tanne wie dich habe ich noch nie gesehen!' Das ist natürlich gelogen, denn die beiden stehen schon seit vielen Jahren nebeneinander und sehen sich jeden Tag, aber die Tanne freut sich trotzdem darüber.

Und das ist noch nicht alles! Es gibt sogar ein geheimes Leben der Bäume

unter der Erde! Die Fichte streckt ihre Wurzeln ganz langsam den Wurzeln der Tanne entgegen, die beiden berühren einander und die Fichte fragt leise: ‚Hast du heute Abend schon etwas vor?' ‚Oh nein', flüstert die Tanne. ‚Wir sollten etwas unternehmen!'

Und genau so streckt die Eiche ihre Wurzeln nach der Buche aus. Es dauert eine Weile, weil sie sich durch die Erde bohren muss. Und als endlich die Wurzeln der Eiche die Wurzeln der Buche berühren, da schimpft die Buche: ‚Nimmst du wohl deine Wurzeln weg!'

Auch das kann passieren. Aber wisst ihr auch, was in der Nacht im Wald geschieht?"

Die Kinder schüttelten den Kopf.

„Am Abend, wenn es dunkel wird und der letzte Wanderer den Wald verlassen hat, werden die Bäume erst recht lebendig. Es gibt nämlich sogar ein geheimes Nachtleben der Bäume! Die Tannen dehnen und strecken sich, sie fassen einander an den Zweigen und wiegen ihre Spitzen hin und her, es sieht fast aus wie ein Tannentanz. Die Buche macht ein wenig Abendgymnastik. Sie beugt sich vor und versucht mit dem Wipfel den Boden zu erreichen, was nicht ganz einfach ist, denn ihr Rücken ist ziemlich steif. Die Eiche hüpft sogar auf und ab, erst halten die Wurzeln sie fest, doch auf einmal springt sie heraus aus ihrem Platz und besucht eine weit entfernte Kiefer.

Kaum wird es hell, springt die Eiche zurück an die alte Stelle. Wenn am nächsten Morgen die ersten Wanderer den Wald betreten, sieht alles wieder aus wie immer. Oder fast. Denn manchmal kommt es vor, dass ein Baum mit dem anderen den Platz getauscht hat. Aber das hat noch nie ein Wanderer bemerkt."

„So ein Quatsch!", riefen die Kinder.

„Was?", fragte Onkel Theo. „Quatsch nennt ihr das? Und euch soll ich noch mal was erzählen?"

Doch weil die Kinder sehr darum baten, sagte Onkel Theo: „Also gut. Vielleicht ein anderes Mal. Aber für heute ist Schluss."

Onkel Theo erzählt vom Fußball

„So, liebe Kinder", sagte Onkel Theo. „Heute
werdet ihr mal wieder was lernen." Die Kinder setzten sich auf Onkel Theos grünes Sofa und
spitzten die Ohren. „Also", sagte Onkel Theo. „Der
Fußball." Und er kratzte sich am Kopf.

„Fußball ist in der ganzen Welt bekannt. Es ist ein Spiel,
bei dem man den Ball mit den Füßen über eine Wiese
kickt. Naja, auch mit dem Kopf. Aber nicht mit der Hand.
Und es gibt noch so einige Regeln, die ihr vermutlich alle
kennt.

Und bestimmt wisst ihr auch, wie die Affen den Fußball
erfanden: Als sie merkten, dass sie aufrecht gehen konnten,
warfen sie sich fröhlich einen Ball mit den Händen zu.
Doch eines Tages wurde ihnen das zu langweilig, und seitdem spielten sie mit dem Ball, ohne ihn mit den Händen
zu berühren. Dieses Spiel nannten sie Fußball.

Sehr bald machten viele andere Tiere es den Affen nach.
Doch dabei gab es alle möglichen Schwierigkeiten. Die
Schlangen hatten keine Füße und konnten nur Kopfbälle
spielen. Bei den gefräßigen Krokodilen geschah es immer
wieder, dass ein Ball in einem weit aufgesperrten Maul
landete. Meistens wurde er verschluckt. Bei den Tausend-
füßlern vergingen mehrere Wochen, bis das Spiel beginnen
konnte. So lange dauerte es nämlich, bis sich alle ihre

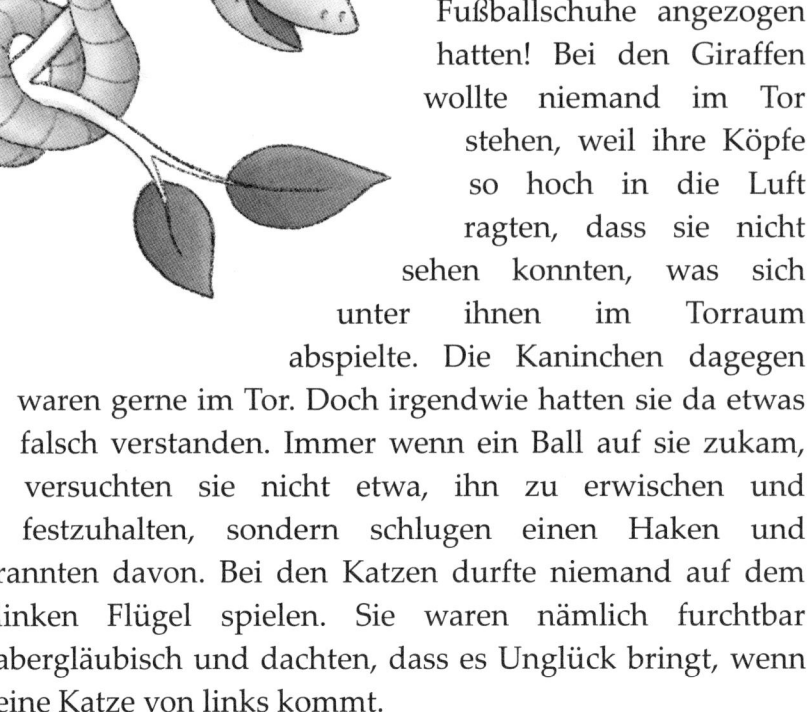

Fußballschuhe angezogen hatten! Bei den Giraffen wollte niemand im Tor stehen, weil ihre Köpfe so hoch in die Luft ragten, dass sie nicht sehen konnten, was sich unter ihnen im Torraum abspielte. Die Kaninchen dagegen waren gerne im Tor. Doch irgendwie hatten sie da etwas falsch verstanden. Immer wenn ein Ball auf sie zukam, versuchten sie nicht etwa, ihn zu erwischen und festzuhalten, sondern schlugen einen Haken und rannten davon. Bei den Katzen durfte niemand auf dem linken Flügel spielen. Sie waren nämlich furchtbar abergläubisch und dachten, dass es Unglück bringt, wenn eine Katze von links kommt.

Die Elefanten hatten immer wieder Streit wegen der Spielregeln. Eine Frage war zum Beispiel: Darf ein Elefant sich auf den Ball setzen? (Darf er nicht.) Die schwierigste Frage war: Darf ein Elefant den Ball mit dem Rüssel werfen? Ist das ‚Kopf' oder ist das ‚Hand'? Diese Frage ist bis heute ungelöst.

Außerdem hatte jede Mannschaft einen großen afrikanischen Elefanten als Torwart, der locker ein ganzes Tor ausfüllte, wenn er sich quer davor stellte. So kam kein Ball an ihm vorbei und jedes Spiel endete 0:0, das war furchtbar langweilig.

Bei den Nashörnern war insoweit alles in Ordnung. Sie kannten die Spielregeln, sie waren die fairsten Spieler der ganzen Tierwelt, sie spielten auf jeder Position gleichermaßen gerne und sie kickten einander den Ball freudig mit den Füßen zu. Trotzdem gaben sie das Fußballspielen auf.

Könnt ihr euch denken, warum?"

Die Kinder schüttelten den Kopf.

„Nun", sagte Onkel Theo, „leider ließ es sich nicht vermeiden, dass der Ball immer wieder auf einem der spitzen Hörner landete und dort aufgespießt wurde. Wenn man den Ball dann vom Horn herunter nahm, machte es ‚Pfffft', alle Luft ging raus, und der schöne Ball war dahin. So brauchten die Nashörner gut und gerne 30 Bälle pro Spiel, das konnte sich auf die Dauer niemand leisten."

„So ein Quatsch!", riefen die Kinder.

„Was?", fragte Onkel Theo. „Quatsch nennt ihr das? Und euch soll ich noch mal was erzählen?"

Doch weil die Kinder sehr darum baten, sagte Onkel Theo: „Also gut. Vielleicht ein anderes Mal. Aber für heute ist Schluss."

Onkel Theo erzählt vom Storch

„So, liebe Kinder", sagte Onkel Theo. „Heute werdet ihr mal wieder was lernen." Die Kinder setzten sich auf Onkel Theos grünes Sofa und spitzten die Ohren. „Also", sagte Onkel Theo. „Der Storch." Und er kratzte sich am Kopf.

„Der Storch ist ein Vogel mit langen roten Beinen und einem langen roten Schnabel. Er hat keine Kehle, darum kann er nicht singen. Wenn er es versucht, kommt nur ein heiseres Zischen heraus. Aber dafür kann er lautstark mit dem Schnabel klappern. Man nennt ihn deshalb auch den Klapperstorch.

Störche bauen große Nester, denen sie sogar Namen geben. Allerdings sind sie dabei nicht gerade phantasievoll – alle Nester heißen Horst.

Das Ungewöhnliche am Storch ist, dass kein Storch weiß, wie er entstanden ist. Die jungen Störche fragen ihre Eltern gerne: ‚Wo kommen denn die kleinen Störche her?' Aber die Storcheneltern sagen nur: ‚Keine Ahnung!' Und sie wissen es wirklich nicht!

Es gibt allerdings einen verrückten Storchenonkel, der den jungen Störchen diese Geschichte erzählt: ‚Die Sache spielt sich ab in einem Storchennest, das natürlich Horst heißt. Es liegt so hoch in der Luft, dass niemand hinein-schauen kann. Die Storcheneltern beginnen mit einem ge-meinsamen Schnabelklappern, wobei auf eigenartige Wei-se Kopf und Hals zuerst nach vorne unten und dann ruck-artig weit nach hinten bewegt werden. Anschließend krault das Männchen das Weibchen an Kopf und Hals. Gleichzeitig sollte es zwei weitere Dinge tun: Mit seinem Schnabel im Nestgrund stochern und das Weibchen dabei mehrmals umschrei-ten. Ihr könnt euch vorstellen, dass das nicht einfach ist!

Es folgen mehrere ungleichmäßige Schüttelbewegungen des Männchen, dann erhebt sich das Weibchen und senkt zugleich seinen Kopf. Das Männchen hakt über dem Hals des Weibchens ein, steigt auf das Weibchen und schnäbelt aufgeregt an Hals und Kopfgefieder. Dabei schlägt es mit den Flügeln, um das Gleichgewicht zu halten, wobei das Weibchen den Kopf zurücklegt und das Schnäbeln erwidert. Während dieses Vorgangs halten beide ihre Hinterteile aneinander. Dabei zischen sie heiser vor sich hin und machen merkwürdige Geräusche.'

Klingt kompliziert, was der Storchenonkel erzählt, oder? Und das ist noch nicht alles: Die Storcheneltern, behauptet er, glaubten, das Ganze sei eine Art Turnübung, sie machten das nur zum Spaß und niemals kämen sie auf die Idee, dass ihre sonderbare Beschäftigung der Entstehung kleiner Störche diene.

‚Aber so ist es!', erklärt er. ‚Einige Zeit später legt das Weibchen ein paar Eier ins Nest, die müssen etwa einen Monat lang ausgebrütet werden – und dann endlich ist es geschafft: aus den Eiern kriechen die kleinen Störche!'

So ein Märchen erzählt der Storchenonkel den jungen Störchen, aber das hat sich der alte Geschichtenerzähler nur ausgedacht. Wisst ihr, wo die kleinen Störche wirklich herkommen?"

Die Kinder schüttelten den Kopf.

„Sie werden vom Vogel Strauß gebracht!", sagte Onkel Theo.

„Der wickelt das Storchenbaby in ein Tuch und hängt es an seinen Schnabel. Dann fliegt er los und bringt den kleinen Storch durch ein Fenster in den Horst. Deswegen muss immer ein Fenster geöffnet sein, wenn man kleine Störche erwartet.

Aber, was sagt ihr da? Ein Storchennest hat keine Fenster?

Na gut, in dem Fall bringt der Strauß das Storchenbaby dann halt durch den Schornstein!"

„So ein Quatsch!", riefen die Kinder.

„Was?", fragte Onkel Theo. „Quatsch nennt ihr das? Und euch soll ich noch mal was erzählen?"

Doch weil die Kinder sehr darum baten, sagte Onkel Theo: „Also gut. Vielleicht ein anderes Mal. Aber für heute ist Schluss."

Onkel Theo erzählt vom Gewicht

„So, liebe Kinder", sagte Onkel Theo. „Heute werdet ihr mal wieder was lernen." Die Kinder setzten sich auf Onkel Theos grünes Sofa und spitzten die Ohren. „Also", sagte Onkel Theo. „Das Gewicht." Und er kratzte sich am Kopf.

„Wahrscheinlich habt ihr alle schon einmal vom Gewicht gehört. Wie der Name schon sagt, ist es ungeheuer wichtig und trotzdem weiß niemand so genau, was es ist. Ihr könnt euch die Sache ungefähr so vorstellen: Dinge können schwer oder leicht sein. Wenn sie schwer sind, haben sie ein Gewicht, und wenn sie leicht sind, haben sie auch eins, aber nicht so ein großes.

Wie schwer die Dinge sind, ist nicht immer leicht zu erkennen. Ihr merkt das am Beispiel der berühmten Frage: ‚Was ist schwerer, ein Kilo Federn oder ein Kilo Blei?' Die meisten Leute würden sofort antworten: ‚Ein Kilo Blei ist schwerer als ein Kilo Federn!' Einige würden sagen: ‚Ein Kilo ist ein Kilo, also sind beide gleich schwer.' Wer hat wohl recht? Auf jeden Fall ist es schwerer, ein Kilo Federn aufzusammeln als ein Kilo Blei – probiert es mal aus, das schafft ihr nicht mit einem Griff.

Es gibt übrigens Fachleute, die auch die *schwersten* Gewichte aufheben können, das sind die Gewichtheber.

Der stärkste Gewichtheber, den es jemals gab, lebte in einem Dorf am Rand des Atlasgebirges. Er trainierte mit riesigen Felsbrocken, die er im Gebirge fand. Einmal übertrieb er es: Er riss einen halben Berg aus seiner Verankerung, hielt ihn sich vor die Brust und stemmte ihn in die Luft.

Er war sehr stolz. Plötzlich aber kamen ein paar Nachbarn vorbei, die ziemlich sauer waren. ‚Du hast unser schönes Gebirge kaputtgemacht!‘, schimpften sie.

Das tat dem Gewichtheber furchtbar leid, denn das hatte er nicht gewollt. Vor Scham wäre er am liebsten im Erdboden versunken.

Und dann geschah Ungeheuerliches: Das Bergstück, das

der Gewichtheber in den Händen hielt, war so schwer, dass die Erde unter seinen Füßen aufbrach und er – stellt euch vor – tatsächlich im Erdboden versank! Das Gewicht drückte ihn in die Tiefe! Bald steckte er fest und konnte sich nicht mehr bewegen. Er versuchte, sich an den eigenen Haaren aus dem engen Erdloch zu ziehen, aber das gelang nicht einmal ihm, dem stärksten Gewichtheber der Welt.

Was für ein Glück, dass am Abend drei starke Kollegen vorbei kamen, die ihn an beiden Händen fassten und ihn mit vereinten Kräften in die Höhe schraubten.

Das war gerade nochmal gut gegangen. Der Gewichtheber legte das Bergstück zurück an die Stelle, wo er es herausgerissen hatte und verzichtete eine Weile auf sein Training.

Trotzdem blieb er der stärkste Mensch der Welt. Man merkte es zum Beispiel daran, dass er einmal, als er einkaufen ging, alle Sachen doppelt kaufte.

Könnt ihr euch denken, warum?"

Die Kinder schüttelten den Kopf.

„Das kam so", sagte Onkel Theo, „Als er fertig war mit Einkaufen, steckten alle Sachen, die er gekauft hatte, in einer Tragetasche und der Gewichtheber verließ das Geschäft. Die prall gefüllte Tasche war für ihn aber so leicht, dass er dachte, er hätte nichts in der Hand und er hätte die Tasche im Geschäft vergessen. Und weil er sie dort nicht wiederfand, kaufte er eben alle Sachen noch einmal. Und erst zu Hause bemerkte er, dass er die erste Tragetasche die ganze Zeit am kleinen Finger hängen hatte, und dass er nun den ganzen Einkauf zweimal gemacht hatte. So stark war der stärkste Gewichtheber aller Zeiten."

„So ein Quatsch!", riefen die Kinder.

„Was?", fragte Onkel Theo. „Quatsch nennt ihr das? Und euch soll ich noch mal was erzählen?"

Doch weil die Kinder sehr darum baten, sagte Onkel Theo: „Also gut. Vielleicht ein anderes Mal. Aber für heute ist Schluss."

Onkel Theo erzählt von der Möwe

"So, liebe Kinder", sagte Onkel Theo. "Heute werdet ihr mal wieder was lernen." Die Kinder setzten sich auf Onkel Theos grünes Sofa und spitzten die Ohren. "Also", sagte Onkel Theo. "Die Möwe." Und er kratzte sich am Kopf.

"Möwen sind vermutlich die lustigsten Vögel der Welt. Und die lustigsten aller Möwen sind zweifellos die Lachmöwen. Sie fliegen nebeneinander her und rufen sich Zahlen zu. Anschließend halten sie sich den Bauch vor Lachen.

Falls ihr euch ein wenig mit Lachmöwen auskennt, dann wisst ihr natürlich, was diese Zahlen bedeuten. Jede Zahl steht für einen Witz. Weil die Lachmöwen alle ihre Witze schon sehr oft erzählt haben, können sie sie längst auswendig. Da wäre es doch langweilig, den ganzen Witz noch einmal zu erzählen. Also rufen sie sich einfach die Nummern zu und lachen sich kaputt.

Wenn man eine Lachmöwe lachen hört, ist ihr Lachen dermaßen ansteckend, dass man selbst lachen muss. Einmal setzte sich eine Lachmöwe während des Unterrichts in ein Klassenzimmer und lachte vor sich hin. Da begann auch ein Kind zu lachen. Dann noch eins und noch eins und bald lachte die ganze Klasse und konnte nicht mehr aufhören damit.

Erst dachte der Lehrer, die Kinder wollten sich einen Spaß mit ihm erlauben. Doch genau in dem Moment, als er zu schimpfen begann, wurde er selbst angesteckt. Natürlich versuchte er, sein Lachen zu unterdrücken. Er kicherte so leise, dass man es kaum bemerkte. Doch das hielt er nur ein paar Minuten aus und dann plötzlich prustete er los und gluckste und quietschte eine ganze Schulstunde lang!

Es kann also ansteckend und auch anstrengend sein, wenn man einen Vogel lachen hört. Aber jetzt stellt euch mal statt eines lachenden Vogels einen Vogel vor, der herzzerreißend weint. Das wäre viel schlimmer, oder?

In den tropischen Wäldern am Äquator kommt so etwas vor, dort leben nämlich die Weintauben. Auf der ganzen Welt gibt es keinen traurigeren Anblick!

Die Weintaube beginnt leise zu seufzen. Ein paar Tröpfchen befeuchten die Augen. Aus den Seufzern wird ein Schluchzen, ein lautes Gejammer, ein herzzerreißendes

Gurren. Aus den Augen beginnt Wasser zu quillen, fette Tränen tropfen herab, es werden immer mehr, und irgendwann sind es ganze Sturzbäche, die sich über den Wald ergießen.

Die tropischen Wälder sind bekannt für ihre starken Regenfälle, doch kaum jemand weiß, wie es dazu kommt. Sie bestehen aus nichts anderem als den Tränen der Weintauben!

So ist das! Aber wisst ihr auch, dass die Weintauben sich eines Tages in Lachmöwen verwandeln?"

Die Kinder schüttelten den Kopf.

„Nur wenigen Vogelkundlern ist bekannt, dass es sich bei den Weintauben am Äquator und den Lachmöwen bei uns um ein und dieselbe Tierart handelt", erklärte Onkel Theo. „Weintauben sind Zugvögel! Wenn der Winter vorbei ist, verlassen sie den tropischen Regenwald und fliegen nach Norden. Etwa am zehnten Breitengrad, rund tausend Kilometer vom Äquator entfernt, befindet sich die Scherzgrenze. Sobald eine Weintaube die Scherzgrenze erreicht, wird sie zur Lachmöwe und erzählt die verrücktesten Witze, die man sich nur denken kann!"

„So ein Quatsch!", riefen die Kinder.

„Was?", fragte Onkel Theo. „Quatsch nennt ihr das? Und euch soll ich noch mal was erzählen?"

Doch weil die Kinder sehr darum baten, sagte Onkel Theo: „Also gut. Vielleicht ein anderes Mal. Aber für heute ist Schluss."

Onkel Theo erzählt vom Kochtopf

„So, liebe Kinder", sagte Onkel Theo. „Heute werdet ihr mal wieder was lernen." Die Kinder setzten sich auf Onkel Theos grünes Sofa und spitzten die Ohren. „Also", sagte Onkel Theo. „Der Kochtopf." Und er kratzte sich am Kopf.

„Natürlich wisst ihr genau, was ein Kochtopf ist und wahrscheinlich glaubt ihr, so ein Kochtopf sei nichts Besonderes. Aber es gibt einen Kochtopf, der ist so einzigartig, dass er sogar einen besonderen Namen bekommen hat. Es ist der Kochtopf Megamix.

In einen normalen Kochtopf wirft man Sachen rein, die kalt und hart sind und meistens holt man sie warm und weich wieder heraus.

Der wunderbare Kochtopf Megamix aber kann viel mehr als das. Er kocht und rührt, backt und grillt, schneidet und häckselt, toastet und macht Speiseeis. Man schickt ihm einfach mit dem Handy eine Nachricht, was man essen möchte, zum Beispiel: ‚Reibekuchen. Und zum Nachtisch ein Vanilleeis!'

Dann schreibt der Kochtopf Megamix einen Einkaufszettel: ‚Kartoffeln, Eier, Zwiebeln, Salz, Milch, Vanillezucker …' Naja, halt alles, was man so braucht für Reibekuchen und Eis.

Sobald alle Sachen da sind, legt der Kochtopf los. Er schält und reibt die Kartoffeln, schlägt die Eier auf, rührt die Milch, backt die Reibekuchen aus, gefriert das Eis. Am Mittag steht das fertige Menü auf dem Tisch. Das geht alles ganz von alleine. Man muss nur aufpassen, dass man die richtigen Sachen in den Topf wirft. Wenn man schreibt:

‚Kartoffeln!', und man wirft Nudeln hinein, dann schält der Kochtopf die Nudeln.

Das ist aber fast schon alles, worauf man achten muss.

Und natürlich spült Megamix nach dem Essen die Teller!

Kleider wäscht er übrigens auch. Das wird euch nicht wundern, denn Kleider waschen ist kaum schwieriger als Teller spülen. Es ist wirklich furchtbar simpel!

Man kann fast nichts falsch machen. Nur einmal ist einer Familie etwas Unvorhergesehenes passiert. Die Mutter hatte schon die Wäsche eingefüllt, da klingelte es an der Haustür. Der jüngste Sohn spielte an ihrem Handy herum und schrieb ‚Kartoffelbrei!' Der Kochtopf schälte, stampfte und kochte vor sich hin – aus der Wäsche wurde Sockenpüree!

Natürlich kann der wunderbare Kochtopf Megamix auch die Wäsche schleudern. Dabei kann es wegen der hohen Drehzahl allerdings passieren, dass er durch die ganze Wohnung wandert. Das ist aber nicht weiter schlimm, denn er hat ein eingebautes Navi und findet so von jedem Zimmer aus den Weg zurück in die Küche.

So ein wunderbares Gerät ist der Kochtopf Megamix. Es gibt nur eine Sache, die man lieber nicht mit ihm machen sollte.

Könnt ihr euch denken, was das ist?"

Die Kinder schüttelten den Kopf.

„Nun", sagte Onkel Theo, „Megamix kocht zwar ziemlich gut, aber man sollte ihn nicht zu leckere Sachen kochen lassen. Vor allem eins nicht: Niemals Spaghetti!

Wenn man den Megamix am Morgen beauftragt hat, Spaghetti zu kochen, dann hat man Pech. Man kommt mittags nach Hause, man freut sich auf das leckere Mittagessen, aber es ist nichts mehr im Topf – der gefräßige Kochtopf Megamix hat alles selbst gegessen! Denn Spaghetti isst er für sein Leben gern."

„So ein Quatsch!", riefen die Kinder.

„Was?", fragte Onkel Theo. „Quatsch nennt ihr das? Und euch soll ich noch mal was erzählen?"

Doch weil die Kinder sehr darum baten, sagte Onkel Theo: „Also gut. Vielleicht ein anderes Mal. Aber für heute ist Schluss."

Onkel Theo erzählt vom Spiegel

„So, liebe Kinder", sagte Onkel Theo. „Heute werdet ihr mal wieder was lernen." Die Kinder setzten sich auf Onkel Theos grünes Sofa und spitzten die Ohren. „Also", sagte Onkel Theo. „Der Spiegel." Und er kratzte sich am Kopf.

„Ein Spiegel ist ein Gegenstand, meistens aus Glas oder Kristall, in dem man sich selbst sieht, wenn man hineinschaut. Allerdings ist alles, was man im Spiegel sieht, auf der falschen Seite. Die linke Hand ist rechts, die rechte Hand ist links, der linke Fuß ist rechts, der rechte Fuß ist links. Das Spiegelbild ist also ‚spiegelverkehrt', so nennt man das.

Das ist nicht ganz einfach zu verstehen, ich weiß. Aber jetzt erkläre ich euch eine Sache, die ist noch viel komplizierter, da muss man ganz schön aufpassen, damit man sie begreift.

Es handelt sich um das berühmte ‚Spiegelproblem'.

Damit hat es Folgendes auf sich: Wenn ein Spiegel hochkant steht, sieht man sich selbst in voller Länge, aber rechts und links sind vertauscht. So ist das, und so war es schon immer. Wenn man aber früher einen Spiegel zur Seite drehte, war nicht mehr rechts und links, sondern oben und unten vertauscht. Wenn man in so einen querstehenden Spiegel schaute, stand man auf dem Kopf!

Die Leute, denen das passierte, waren erschrocken und kamen völlig durcheinander. Sie wussten ja nicht, woran es lag. Sie dachten, dass sie wirklich auf dem Kopf standen und machten schnell einen Kopfstand, um sich wieder richtig zu stellen. Noch heute sagt man, wenn jemand sehr verwirrt und durcheinander ist: ‚Er steht Kopf!' Jetzt wisst ihr, woher die Redewendung kommt!

Das Spiegelproblem haben Wissenschaftler und Erfinder mit vereinten Kräften gelöst. Moderne Spiegel haben eine ausgeklügelte innere Drehfunktion, die bewirkt, dass das Spiegelbild nicht auf dem Kopf steht, egal, wie man es dreht. Nur wenn man einen Spiegel so an die Wand hängt, dass man auf seine Rückseite schaut, dann sieht man sich nicht etwa von hinten – nein, man sieht gar nichts! Die Wissenschaftler müssen wohl noch ein wenig forschen, um auch diesen Fehler zu beheben.

Grundsätzlich aber ist ein Spiegel für die Menschen von heute eine ganz normale und gewöhnliche Sache. Man guckt hinein und sieht sich selbst, das ist nichts besonderes, das kann jedes moderne Handy, man kann sich sogar selbst fotografieren damit.

Und weil es Spiegel gibt, weiß jeder Mensch, wie er selbst aussieht. Das ist nicht so selbstverständlich wie ihr denkt. Früher einmal gab es bekanntlich auf der ganzen Erde nur zwei Menschen: Adam und Eva. Weil es noch keine Spiegel gab, dachte Adam, dass er aussieht wie Eva und Eva dachte, dass sie aussieht wie Adam.

Als dann die ersten Spiegel aufkamen, war das eine Sache nur für Adlige und sehr, sehr reiche Leute. Könnt ihr euch vorstellen warum?"

Die Kinder schüttelten den Kopf.

„Das war so", sagte Onkel Theo, „in den Schlafzimmern der reichen Leute befanden sich riesige Bilderrahmen. In diesen Bilderrahmen stand ein Spiegelknecht oder eine Spiegelzofe. Das waren Diener, deren einzige Aufgabe es war, den reichen Leuten zu zeigen, wie sie aussahen und was sie gerade machten."

„So ein Quatsch!", riefen die Kinder.

„Was?", fragte Onkel Theo. „Quatsch nennt ihr das? Und euch soll ich noch mal was erzählen?"

Doch weil die Kinder sehr darum baten, sagte Onkel Theo: „Also gut. Vielleicht ein anderes Mal. Aber für heute ist Schluss."

Onkel Theo erzählt vom Tintenfisch

„So, liebe Kinder", sagte Onkel Theo. „Heute werdet ihr mal wieder was lernen." Die Kinder setzten sich auf Onkel Theos grünes Sofa und spitzten die Ohren. „Also", sagte Onkel Theo. „Der Tintenfisch." Und er kratzte sich am Kopf.

„Der Tintenfisch sieht ganz anders aus, als alle anderen Fische, die wir kennen. Er besteht zum größten Teil aus einem sackförmigen Kopf, auf dem sich große Augen befinden. Der Tintenfisch gehört zu den sogenannten ‚Kopffüßern', denn von seinem Kopf hängen acht lange Dinger herab, von denen man nicht so genau weiß, ob es Arme oder Beine sind. Weil man sich nicht entscheiden kann, nennt man sie manchmal auch ‚Füße'.

Am liebsten sitzt der Tintenfisch tief unter Wasser versteckt in einer Felsspalte oder in einer kleinen Höhle. Von dort hält er Ausschau und wartet auf Beute wie Krebse oder Krabben und schnappt mit den Füßen nach ihr.

Mit seinen starken Füßen kann er aber noch viel mehr anstellen. Wenn ihr zum Beispiel ein Marmeladenglas habt, das ihr nicht aufbekommt, dann werft es einfach ins Meer. Der Tintenfisch packt es mit seinen Füßen und dreht den Deckel auf. Danach müsst ihr ihm das Glas aber schnell wieder abnehmen, denn sonst isst er die Marmelade auf. Und falls es ein kleiner Tintenfisch ist, kriecht er selbst in das leere Glas, denn so ein Glas ist eine Höhle mit wunderbarer Aussicht in alle Richtungen.

Anders als sein Name vermuten lässt, ist der Tintenfisch eigentlich kein Fisch, sondern gehört zur Gattung der vielfüßigen Geschichtenerzähler. Wenn er genug Krebse und Krabben gefangen und gegessen hat, macht er einen kleinen Mittagsschlaf. Anschließend sitzt er stundenlang

in seiner Höhle und denkt sich Geschichten aus. Damit er sie aufschreiben kann, trägt er immer einen großen Behälter mit Tinte bei sich. Den Füller umklammert er mit dem Zipfel eines Fußes. Und weil er acht Füße hat, benutzt er acht Füller und schreibt acht Geschichten gleichzeitig! Eine dieser Geschichten wirft er am Abend weg, weil sie ihm nicht so gut gefällt, die sieben anderen behält er für sich und liest sie ein paar Tage später den kleinen Tintenfischen vor.

Aber sogar die Geschichte, die der große Tintenfisch weggeworfen hat, ist so schön und so lustig, dass jede Menge Geschichtensammler am Strand entlang wandern und hoffen, dass die Strömung mal wieder eine weggeworfene Tintenfischgeschichte an Land spült.

Es gibt eigentlich nur eine Sache, die ein Tintenfisch noch lieber macht, als Geschichten schreiben. Könnt ihr euch denken, was das ist?"

Die Kinder schüttelten den Kopf.

„Wie viele Geschichtenerzähler liebt der Tintenfisch die Musik", sagte Onkel Theo. „Wenn ihr ein besonders schönes Konzert hören wollt, dann werft einfach mal statt eines Marmeladenglases ein Klavier ins Meer! Kaum ist es auf den Boden gesunken, kriecht der Tintenfisch aus seiner Höhle und setzt sich an die Tasten. Ihr werdet staunen! Man sieht ja manchmal zwei Klavierspieler, die zusammen am Klavier sitzen und ein Stück zu vier Händen spielen. Das ist beeindruckend – aber es ist gar nichts gegen die erstaunlichen Künste des Tintenfischs. Das macht er ganz allein und sozusagen mit links. Am liebsten jedoch spielt er die Sonate am Klavier zu acht Füßen des bedeutenden Komponisten Georg Friedrich Füßel, bekannt und berühmt unter dem Namen ‚Wassermusik'."

„So ein Quatsch!", riefen die Kinder.

„Was?", fragte Onkel Theo. „Quatsch nennt ihr das? Und euch soll ich noch mal was erzählen?"

Doch weil die Kinder sehr darum baten, sagte Onkel Theo: „Also gut. Vielleicht ein anderes Mal. Aber für heute ist Schluss."

Onkel Theo erzählt von den Ohren

„So, liebe Kinder", sagte Onkel Theo. „Heute werdet ihr mal wieder was lernen." Die Kinder setzten sich auf Onkel Theos grünes Sofa und spitzten ... Aber halt! „Was macht ihr da?", fragte Onkel Theo. „Wir spitzen die Ohren!", riefen die Kinder. „Ach ja, richtig", sagte Onkel Theo. „Die Ohren." Und er kratzte sich am Kopf.

„Was Ohren sind, wisst ihr offensichtlich. Wenn ihr in den Spiegel schaut, dann seht ihr, dass euer Kopf sich genau in der Mitte von zwei merkwürdigen Tellerchen befindet. Diese Tellerchen rechts und links nennt man Ohren. Wozu man sie braucht, ist klar: Zum Beispiel, wenn ich euch etwas erzähle, dann gelangt es durch die Ohren in euren Kopf.

Deshalb, liebe Kinder, spitzt ihr eure Ohren und hört gut zu, nicht wahr?

Genau genommen stimmt das allerdings nicht. Es ist sogar völlig falsch. Wenn man etwas hören möchte, muss man die Ohren öffnen, so ist es richtig. Das einzige, was gespitzt werden muss, ist die Geschichte, damit sie in die Ohren passt.

Alles, was ich euch erzähle, verwandelt sich in eine Schallwelle. Diese schwirrt erst ein bisschen durch den Raum, macht eine kleine Kurve, bei der sie sich hoffentlich nicht zu sehr verändert, bis sie ein offenes Ohr gefunden hat. Dann bohrt sie sich in das Ohr hinein und arbeitet sich durch den Gehörgang in das menschliche Gehirn vor.

Dieser Gehörgang ist ein verwirrendes Labyrinth, die Geschichte zwirbelt sich mühsam durch seine Gänge. Dabei kann es durchaus passieren, dass sie sich verirrt. Manchmal lachen mehrere Zuhörer über einen Witz, nur einer lacht später als alle anderen. Bei dem hat der Witz offensichtlich nicht so schnell den Weg durch das Labyrinth gefunden.

Manchmal geht so ein Witz sogar völlig daneben! Viele Leute lassen sich nämlich Ohrlöcher stechen, um einen Ohrring darin zu befestigen. Wenn so ein Loch erst einmal geöffnet ist, kann es passieren, dass die Geschichte im fal-

schen Loch landet! Also, passt gut auf, wenn ihr Ohrlöcher
habt, dass sie immer schön mit einem Ohrring oder Ohr-
stecker verschlossen sind, damit sich keine Geschichte ins
offene Ohrloch verirrt.

Jetzt wisst ihr Bescheid, von eurem Onkel Theo könnt
ihr immer was lernen. Aber wisst ihr auch, was Schlappoh-
ren sind?"

Die Kinder schüttelten den Kopf.

„Nun", sagte Onkel Theo. „Bestimmt habt ihr schon mal
von Milchzähnen gehört. Das sind die Zähne der kleineren
Kinder. Mit der Zeit fallen sie aus dem Mund und neue

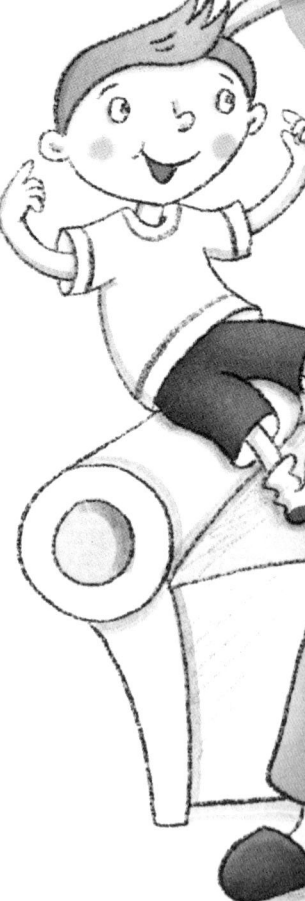

Zähne wachsen nach. Das ist unglaublich, oder? Aber es ist wahr! Und früher, als ich so alt war, wie ihr, war es noch viel verrückter als heute. Damals kullerten den Kindern nicht nur die Zähne aus dem Mund. Oh nein, es fielen ihnen auch die Ohren ab. So war das! Und deshalb sagt man heute noch manchmal: ‚Haltet die Ohren steif!' Damit ist gemeint: ‚Passt auf, dass eure Ohren nicht schlapp werden und runterfallen!'

Aber keine Angst. Falls es doch einmal passiert, müsst ihr keine Sorge haben. Das abgefallene Schlappohr legt ihr einfach unters Kopfkissen. Dann schlaft ihr ein. Mitten in der Nacht kommt die Ohrfee. Sie nimmt das Ohr aus dem Bett und legt ein schönes Geschenk dafür hin. Und das Ohr wächst ja hoffentlich bald wieder nach!"

„So ein Quatsch!", riefen die Kinder.

„Was?", fragte Onkel Theo. „Quatsch nennt ihr das? Und euch soll ich noch mal was erzählen?"

Doch weil die Kinder sehr darum baten, sagte Onkel Theo: „Also gut. Vielleicht ein anderes Mal. Aber für heute ist Schluss."

Martin Ebbertz, geboren 1962 in Aachen, aufgewachsen in Prüm (Eifel), studierte in Freiburg, Münster und Frankfurt am Main Germanistik, Geschichte und Philosophie. Nebenbei war er Fensterputzer, Mitarbeiter eines ländlichen Kulturamts (als Vermessungsgehilfe und Grenzsteinsetzer), Flohmarkthändler und Antiquar. Nach einem Jahr als Lehrer in Frankreich lebte er als freier Schriftsteller zunächst in Frankfurt, dann fünf Jahre in Thessaloniki und 15 Jahre in Boppard am Rhein. Seit 2015 lebt und arbeitet er wieder in Frankfurt und in Offenbach am Main. Martin Ebbertz schreibt für Kinder und Erwachsene. Bekannt wurde er mit dem Buch „Der kleine Herr Jaromir", das einige Auszeichnungen erhielt und in mehrere Sprachen übersetzt wurde.

www.ebbertz.de

Maria Lechner, 1977 in München geboren, beschloss schon im Kindergarten, Illustratorin zu werden. Später studierte sie Kommunikationsdesign in Nürnberg und Salamanca, Spanien. Heute lebt sie in der Nähe von München. Sie zeichnet für verschiedene Verlage und freut sich über lustige Geschichten, wie die von Onkel Theo.

Noch mehr verrückte Geschichten

Schon mal von der grandiosen Muckipille gehört, die jeden, der sie schluckt, unendlich stark und schnell macht, ihm aber auch grüne Pickel ins Gesicht zaubert? Oder vom kurzsichtigen Boxer, der unermüdlich gegen eine Ampel kämpft? Vom Brustschwimmer, der sogar bis zum Nordpol schwimmt? Oder auch von der Radrennfahrerfamilie, die niemals von ihren Rädern steigt – nicht mal zum Schlafen?

33 ganz schön schräge Sportmärchen.

Noch mehr von Onkel Theo

Martin Ebbertz

Ein Esel ist ein Zebra ohne Streifen

Onkel Theo erzählt
44 fast wahre Geschichten

Mit Bildern von
Maria Lechner

Razamba

Onkel Theo erklärt, warum die Banane krumm ist, wie aus dem Hörnchen das Eichhörnchen wurde und warum das Kamel so gern Musik macht. Er erzählt von der kurzsichtigen Giraffe, dem klugen Hering und dem gefräßigen Radiergummi. Wenn ihm die Kinder dann nicht so recht glauben, möchte Onkel Theo eigentlich nie mehr eine Geschichte erzählen. Doch zum Glück überlegt er es sich jedes Mal wieder anders.

44 Geschichten zum Kringeliglachen.